ÉTUDE

DU DROIT CIVIL

ET DU

DROIT COMMERCIAL.

ÉTUDE

DU DROIT CIVIL

ET DU

DROIT COMMERCIAL,

Pour l'examen du 2me degré

DES SURNUMÉRAIRES DES CONTRIBUTIONS DIRECTES.

(*Circulaire N° 475.*)

Titres I, II et III du livre II du Code civil, et titre III, et Ire section du titre III du livre Ier du Code de commerce.

TEXTE ACCOMPAGNÉ DE NOTES DONNANT DES EXPLICATIONS SOMMAIRES, LA CORRÉLATION DES ARTICLES ENTRE EUX, ET LEURS RAPPORTS AVEC LA LÉGISLATION SPÉCIALE DES CONTRIBUTIONS DIRECTES,

PAR D. MILLET,

Contrôleur, premier commis des Contributions directes.

ORLÉANS,

E. CHENU, imp. des Administrations financières.

1869.

PRÉFACE.

Appelé par mes fonctions à diriger les études des surnuméraires des Contributions directes, j'ai réuni quelques notes propres à faciliter leur tâche et la mienne. Ce sont les notes relatives à l'étude du droit civil et du droit commercial, prescrite par la circulaire n° 475, que je publie aujourd'hui.

Quelque modeste que soit cet opuscule, j'ai pensé qu'il pourrait peut-être rendre quelques services à mes collègues et aux surnuméraires, ne serait-ce que celui de leur éviter la dépense d'ouvrages spéciaux dont le prix élevé n'est pas en rapport avec l'usage qu'ils en ont généralement à faire. Puisse mon intention d'être utile faire pardonner les imperfections du travail.

Tours, le 26 mai 1869.

D. MILLET,

CONTRÔLEUR, PREMIER COMMIS.

PREMIÈRE PARTIE.

CODE CIVIL.

LIVRE DEUXIÈME.

Des Biens, et des différentes modifications de la propriété.

TITRE PREMIER.

DE LA DISTINCTION DES BIENS.

Art. 516. — Tous les biens [1] sont meubles ou immeubles.

CHAPITRE Ier.

DES IMMEUBLES.

Art. 517. — Les biens sont immeubles, ou par leur nature, ou par leur destination, ou par l'objet auquel ils s'appliquent. [2]

---

[1] On entend par *Biens* les choses susceptibles de propriété publique ou privée.

[2] De là 3 classes d'immeubles : 1° immeubles *par leur nature ;* 2° immeubles *par destination ;* 3° immeubles *par l'objet auquel ils s'appliquent.* — (Cod. civil, art. 522 à 526).

ART. 518. — Les fonds de terre et les bâtiments sont immeubles par leur nature.

ART. 519. — Les moulins à vent ou à eau, fixés sur piliers et [1] faisant partie du bâtiment, sont aussi immeubles par leur nature.

ART. 520. — Les récoltes pendantes par les racines, et les fruits des arbres non encore recueillis sont pareillement immeubles. Dès que les grains sont coupés et les fruits détachés, quoique non enlevés, ils sont meubles. Si une partie seulement de la récolte est coupée, cette partie seule est meuble.

ART. 521. — Les coupes ordinaires des bois taillis ou de futaies mises en coupes réglées, [2] ne deviennent meubles qu'au fur et à mesure que les arbres sont abattus.

---

[1] Il faut dire *ou faisant partie des bâtiments*. En effet, l'art. 531 porte que les moulins sont mobiliers, lorsqu'ils ne sont point fixés sur des piliers *et* qu'ils ne font pas partie du bâtiment, ce qui entraîne la conséquence implicite qu'ils cessent d'être meubles pour devenir immeubles lorsque l'une de ces conditions vient à manquer.

Les moulins sur bateaux, lors même qu'ils ne sont point construits sur piliers ou pilotis, et qu'ils sont seulement retenus par des amarres, sont considérés comme des usines et imposables d'après les mêmes principes (*Loi du 18 juillet 1836, art. 2*).

[2] Un bois est mis en dix, quinze... *coupes réglées*, lorsqu'on en coupe annuellement un dizième, un quinzième....

ART. 522. — Les animaux [1] que le propriétaire du fonds livre au fermier ou au métayer pour la culture, estimés ou non, sont censés immeubles tant qu'ils demeurent attachés au fonds par l'effet de la convention.

Ceux qu'il donne à cheptel [2] à d'autres qu'au fermier ou métayer, sont meubles.

ART. 523. — Les tuyaux servant à la conduite des eaux dans une maison ou autre héritage, sont

---

(1) Les animaux et autres objets accessoires de la propriété foncière ne doivent point être confondus avec elle, ni par conséquent assujettis au même genre de contribution (Instruction du 1er décembre 1790 et art. 338 du Recueil méthodique).

(2) Bail à *cheptel* (prononcez *chetel*). — On nomme ainsi un bail de bestiaux dont le profit doit être partagé en parts plus ou moins égales entre le propriétaire ou bailleur et le preneur, qui s'oblige à les garder, à les nourrir et à les soigner. — On distingue le *cheptel simple* ou *ordinaire*, dans lequel la tonte et le croît seulement se divisent par moitié entre le bailleur et le preneur ; le *cheptel à moitié*, dans lequel chacun des contractants fournit la moitié des bestiaux, à condition que le profit qui en naîtra sera partagé également entre les parties ; le *cheptel donné au colon partiaire*, cheptel simple dans lequel les rapports qui lient le bailleur et le preneur font admettre certaines modifications, notamment cette condition que, si le bétail périt en entier sans la faute du colon, la perte est pour le bailleur, etc. (Voir pour plus de détails le code civil, art. 1711 et de 1804 à 1831).

immeubles et font partie du fonds auquel ils sont attachés.

Art. 524. — Les objets que le propriétaire d'un fonds y a placés pour le service et l'exploitation de ce fonds, sont immeubles par destination. Ainsi, sont immeubles par destination, quand ils ont été placés par le propriétaire pour le service et l'exploitation du fonds, — les animaux attachés à la culture ; — les ustensiles aratoires ; — les semences données aux fermiers ou colons partiaires ; — les pigeons des colombiers ; — les lapins des garennes; — les ruches à miel ; — les poissons des étangs ; — les pressoirs, chaudières, alambics, cuves et tonnes ; — les ustensiles nécessaires à l'exploitation des forges, papeteries et autres usines ; — les pailles et engrais. — Sont aussi immeubles par destination, tous effets mobiliers que le propriétaire a attachés au fonds à perpétuelle demeure.

Art. 525. — Le propriétaire est censé avoir attaché à son fonds des effets mobiliers à perpétuelle demeure, quand ils y sont scellés en plâtre ou à chaux ou à ciment, ou lorsqu'ils ne peuvent être détachés sans être fracturés et détériorés, ou sans briser ou détériorer la partie du fonds à laquelle ils sont attachés. Les glaces d'un appartement sont censées mises à perpétuelle demeure, lorsque le parquet sur lequel elles sont attachées fait corps avec la boiserie. — Il en est de même des tableaux et autres ornements. — Quant aux statues, elles sont immeubles lorsqu'elles sont placées dans une niche pratiquée exprès pour les recevoir, encore qu'elles puissent être enlevées sans fracture ou détérioration.

Art. 526. — Sont immeubles, par l'objet auquel ils s'appliquent : — l'usufruit des choses immobilières ; (1) — les servitudes ou services fonciers (2) ; — les actions qui tendent à revendiquer (3) un immeuble.

CHAPITRE II.

DES MEUBLES.

Art. 527. — Les biens sont meubles par leur nature, ou par la détermination de la loi (4).

---

(1) Voir Titre III du Cod. civil.

(2) Une *servitude* est une charge imposée sur un héritage pour l'usage et l'utilité d'un héritage appartenant à un autre propriétaire (*Art.* 637 *Cod. civil*).

(3) On entend par *revendication* l'action par laquelle on prétend avoir un droit acquis. La revendication est *mobilière* ou *immobilière* suivant qu'elle a pour objet un meuble ou un immeuble.

(4) De là 2 classes de meubles : 1° meubles *par leur nature ;* 2° meubles *par la détermination de la loi* (Cod. civ. artes 516, 520, 521, 522, 524).

Art. 528. — Sont meubles par leur nature, les corps qui peuvent se transporter d'un lieu à un autre, soit qu'ils se meuvent par eux-mêmes, comme les animaux, soit qu'ils ne puissent changer de place que par l'effet d'une force étrangère, comme les choses inanimées.

Art. 529. — Sont meubles par la détermination de la loi, les obligations et actions [1] qui ont pour objet des sommes exigibles ou des effets mobiliers [2], les actions ou intérêts dans les compagnies de finance, de commerce ou d'industrie, encore que des immeubles dépendants de ces entreprises appartiennent aux compagnies. Ces actions ou intérêts sont réputés meubles à l'égard de chaque associé seulement, tant que dure la Société. — Sont aussi meubles par la détermination de la loi, les rentes perpétuelles ou viagères, soit sur l'État, soit sur des particuliers.

Art. 530. — Toute rente établie à perpétuité pour le prix de la vente d'un immeuble, ou comme condition de la cession à titre onéreux ou gratuit d'un fonds immobilier, est essentiellement rache-

---

(1) Les actionnaires de la Banque de France qui voudront donner à leurs actions la qualité d'immeubles en auront la faculté. (Décret du 16 janvier 1808.)

(2) Voir art. 535 et précédents (Code civil).

table. — Il est néanmoins permis au créancier de régler les clauses et conditions du rachat. — Il lui est aussi permis de stipuler que la rente ne pourra lui être remboursée qu'après un certain terme, lequel ne peut jamais excéder trente ans : toute stipulation contraire est nulle.

Art. 531. — Les bateaux, bacs, navires, moulins et bains sur bateaux, et généralement toutes usines non fixées par des piliers, et ne faisant point partie de la maison, sont meubles [1] : la saisie de quelques-uns de ces objets peut cependant, à cause de leur importance, être soumise à des formes particulières, ainsi qu'il sera expliqué dans le Code de la procédure civile.

Art. 532. — Les matériaux provenant de la démolition d'un édifice, ceux assemblés pour en construire un nouveau, sont meubles jusqu'à ce qu'ils soient employés par l'ouvrier dans une construction.

Art. 533. — Le mot *meuble*, employé seul dans les dispositions de la loi ou de l'homme, sans autre addition ni désignation, ne comprend pas l'argent comptant, les pierreries, les dettes actives, les livres, les médailles, les instruments des sciences, des arts

---

(1) Voir article 519 et note 1 (Code civil).

et métiers, le linge de corps, les chevaux, équipages, armes, grains, vins, foins et autres denrées; il ne comprend pas aussi ce qui fait l'objet d'un commerce.

Art. 534. — Les mots *meubles meublants* ne comprennent que les meubles destinés à l'usage et à l'ornement des appartements, comme tapisseries, lits, sièges, glaces, pendules, tables, porcelaines et autres objets de cette nature. — Les tableaux et les statues qui font partie du meuble d'un appartement y sont aussi compris, mais non les collections de tableaux qui peuvent être dans les galeries ou pièces particulières. — Il en est de même des porcelaines : celles seulement qui font partie de la décoration d'un appartement, sont comprises sous la dénomination de meubles meublants.

Art. 535. — L'expression *biens meubles*, celle de *mobilier* ou *d'effets mobiliers*, comprennent généralement tout ce qui est censé meuble d'après les règles ci-dessus établies. — La vente ou le don d'une maison meublée ne comprend que les meubles meublants.

Art. 536. — La vente ou le don d'une maison, avec tout ce qui s'y trouve, ne comprend pas l'argent comptant, ni les dettes actives et autres droits dont les titres peuvent être déposés dans la maison; tous les autres effets mobiliers y sont compris.

CHAPITRE III.

DES BIENS DANS LEUR RAPPORT AVEC CEUX QUI LES POSSÈDENT [1].

Art. 537. — Les particuliers ont la libre disposition des biens qui leur appartiennent, sous les modifications établies par les lois. — Les biens qui n'appartiennent pas à des particuliers, sont admi-

---

(1) Les biens, dans leur rapport avec ceux qui les possèdent se divisent en deux classes : 1° les biens qui appartiennent à des *personnes privées ;* 2° les biens qui appartiennent à des *personnes publiques.* Les premiers, quant à leur acquisition, leur administration et leur aliénation, sont régis par le Code Napoléon. Les seconds comprennent : 1° les biens de la nation ; 2° les biens des communes ; 3° les biens des départements ; 4° les biens des établissements publics. Ils sont régis, quant à leur administration, leur acquisition et leur aliénation, par le droit administratif.

BIENS NATIONAUX.

Les biens nationaux se divisent en 3 classes : 1° les biens du domaine public ; 2° les biens du domaine de l'Etat ; 3° les biens de la liste civile.

1° *Les biens du domaine public* sont ceux qui ont reçu une destination essentiellement liée à l'ordre public et à l'intérêt général et incompatible avec une propriété privée, telles sont les places de guerre, les routes impériales, les rivières navigables, etc.

2° *Les biens du domaine de l'Etat* sont ceux qui font partie du patrimoine de l'Etat et dont la destination n'est pas

nistrés et ne peuvent être aliénés que dans les formes et suivant les règles qui leur sont particulières.

ART. 538. — Les chemins, routes et rues à la charge de l'État, les fleuves et rivières navigables ou flottables, les rivages, lais et relais de la mer, les ports, les havres, les rades, et généralement toutes les portions du territoire français qui ne sont pas susceptibles d'une propriété privée, sont considérés comme des dépendances du domaine public.

ART. 539. — Tous les biens vacants et sans maître, et ceux des personnes qui décèdent sans

---

incompatible avec une appropriation privée, tels sont les bois, les prés, etc.

3° *Les biens de la liste civile* sont ceux qu'une loi attribue au chef de l'Etat. La liste civile de l'Empereur comprend : en toute propriété, la somme de 25 millions pour chaque année ; en jouissance, les palais impériaux avec les parcs, jardins et mobiliers ; en droit de chasse, les forêts de Versailles, de Fontainebleau, de Compiègne, de Marly et de St-Germain (*Sénatus-Consulte du* 1er *avril* 1852).

BIENS COMMUNAUX.

Les biens communaux se divisent en 3 classes : 1° les biens publics communaux ; 2° les biens patrimoniaux ; 3° les biens communaux proprement dits.

1° *Les biens publics communaux* sont les biens que les communes affectent à un service public, comme les rues, les

héritiers, ou dont les successions sont abandonnées, appartiennent au domaine public.

Art. 540. — Les portes, murs, fossés, remparts des places de guerre et des forteresses, font aussi partie du domaine public.

Art. 541. — Il en est de même des terrains, des fortifications et remparts des places qui ne sont plus places de guerre : ils appartiennent à l'État, s'ils n'ont été valablement aliénés, ou si la propriété n'en a pas été prescrite contre lui.

Art. 542. — Les biens communaux sont ceux à la propriété ou au produit desquels les habi-

---

églises, les mairies, les chemins vicinaux, etc. Ces biens forment le domaine public des communes.

2° *Les biens patrimoniaux* sont ceux qui, n'étant point destinés à un service public, sont exploités, loués ou affermés au profit des communes.

3° *Les biens communaux proprement dits* sont ceux dont la jouissance en nature est laissée aux habitants de la commune, tels sont les pâturages, les bois dont les coupes leur sont distribuées, etc.

Ces deux derniers biens forment le domaine privé des communes.

Le Code civil ne parle ni des biens départementaux ni des biens des établissements publics. Le domaine départemental embrasse les biens qui appartiennent à chaque département et se divise en public et privé. La même division a lieu pour les biens des établissements publics.

tants d'une ou plusieurs communes ont un droit acquis.

Art. 543. — On peut avoir sur les biens, ou un droit de propriété (1), ou un simple droit de jouissance (2), ou seulement des services fonciers (3) à prétendre.

TITRE DEUXIÈME.

DE LA PROPRIÉTÉ.

Art. 544. — La propriété est le droit de jouir (4) et de disposer (5) des choses de la manière la plus absolue, pourvu qu'on n'en fasse pas un usage prohibé par les lois ou par les réglements.

Art. 545. — Nul ne peut être contraint de céder sa propriété, si ce n'est pour cause d'utilité publique, et moyennant une juste et préalable indemnité (6).

---

(1) Voir Code civil, Titre II, de la propriété.

(2) Voir Code civil, Titre III, de l'usufruit.

(3) Voir Code civil, note 2, à l'art 526 (des servitudes).

(4) *Jouir*, c'est-à-dire se servir des choses et en percevoir les fruits. (Voir notes 1 et 2 à l'art. 578).

(5) *Disposer* d'une chose, c'est à dire la consommer, la détruire, l'aliéner. (Voir d°.).

(6) C'est au tribunal qu'est conféré le soin de prononcer l'expropriation ; mais il ne peut la prononcer qu'après que la cause d'utilité publique qui la rend nécessaire a été constatée par un décret de l'Empereur rendu dans les formes

ART. 546. — La propriété d'une chose, soit mobilière, soit immobilière, donne droit sur tout ce qu'elle produit, et sur ce qui s'y unit accessoirement, soit naturellement, soit artificiellement. — Ce droit s'appelle droit d'accession [1].

CHAPITRE Ier.

DU DROIT D'ACCESSION SUR CE QUI EST PRODUIT PAR LA CHOSE.

ART. 547. — Les fruits naturels ou industriels de la terre, — les fruits civils [2], — le croît des ani-

---

prescrites par les réglements d'administration publique (Sénatus-consulte des 25-30 décembre 1852).

L'indemnité à payer au propriétaire est fixée soit par une convention amiable entre le propriétaire et l'administration, soit, à défaut de cette convention, par un jury, sous la direction d'un juge commis par le tribunal. (Mourlon. — Répétitions écrites. Code Napoléon).

[1] Le propriétaire d'une chose acquiert :

1° Tous les produits qu'elle donne. Ils étaient à lui alors qu'ils faisaient partie de sa chose ; séparés, ils continuent d'être à lui ; car le propriétaire d'un tout l'est par cela même de chacune de ses parties. (Voir chapitre 1er, qui suit).

2° Les choses qui, étant unies accessoirement à la sienne, forment avec elle un seul et même tout : *accessorium sequitur principale.* (Voir chapitre II, qui suit.) (Mourlon.).

[2] Les fruits naturels sont ceux que la terre produit d'elle-

maux, — appartiennent au propriétaire par droit d'accession.

Art. 548. — Les fruits produits par la chose n'appartiennent au propriétaire qu'à la charge de rembourser les frais des labours, travaux et semences faits par des tiers.

Art. 549. — Le simple possesseur ne fait les fruits siens que dans le cas où il possède de bonne foi : dans le cas contraire, il est tenu de rendre les produits avec la chose du propriétaire qui la revendique.

Art. 550. — Le possesseur est de bonne foi quand il possède comme propriétaire, en vertu d'un titre translatif de propriété dont il ignore les vices. — Il cesse d'être de bonne foi du moment où ces vices lui sont connus.

CHAPITRE II.

DU DROIT D'ACCESSION SUR CE QUI S'UNIT ET S'INCORPORE A LA CHOSE.

Art. 551. — Tout ce qui s'unit et s'incorpore

---

même, spontanément et sans culture, comme les bois, le foin ; les fruits industriels sont ceux qu'on obtient par la culture, comme le blé, le vin, etc. ; les fruits civils sont les loyers des maisons, les arrérages de rentes, etc. (Voir art. 583 et 584 Code civil).

à la chose appartient au propriétaire, suivant les règles qui seront ci-après établies.

SECTION Ire.

DU DROIT D'ACCESSION RELATIVEMENT AUX CHOSES IMMOBILIÈRES (1).

Art. 552. — La propriété du sol emporte la propriété du dessus et du dessous. — Le propriétaire peut faire au dessus toutes les plantations et constructions qu'il juge à propos, sauf les exceptions établies au titre des *servitudes* ou *services fonciers*. — Il peut faire au dessous toutes les constructions et fouilles qu'il jugera à propos, et tirer de ces fouilles tous les produits qu'elles peuvent fournir, sauf les modifications résultant des lois et réglements relatifs aux mines, et des lois et réglements de police.

Art. 553. — Toutes constructions, plantations et ouvrages sur un terrain ou dans l'intérieur, sont pré-

---

(1) L'accession est dite *industrielle* ou *naturelle*, suivant qu'elle a lieu par ou sans le fait de l'homme.

La première est relative aux *constructions*, *plantations et autres ouvrages* faits dessus ou dessous le sol ;

La seconde a trait aux accroissements résultant du voisinage d'un fleuve ou d'une rivière, et aux animaux sauvages qui, en se fixant sur un fonds, en deviennent l'accessoire.

sumés faits par le propriétaire à ses frais et lui appartenir, si le contraire n'est prouvé [1] ; sans préjudice de la propriété qu'un tiers pourrait avoir acquise ou pourrait acquérir par prescription, soit d'un souterrain sous le bâtiment d'autrui, soit de toute autre partie du bâtiment.

Art. 554. — Le propriétaire du sol qui a fait des constructions, plantations et ouvrages avec des matériaux qui ne lui appartenaient pas, doit en payer la valeur ; il peut aussi être condamné à des dommages et intérêts, s'il y a lieu : mais le propriétaire des matériaux n'a pas le droit de les enlever.

Art. 555. — Lorsque les plantations, constructions et ouvrages ont été faits par un tiers et avec ses matériaux, le propriétaire du fonds a droit ou de les retenir, ou d'obliger ce tiers à les enlever. — Si le propriétaire du fonds demande la suppression des plantations et constructions, elle est aux frais de celui qui les a faites, sans aucune indemnité pour lui ; il peut même être condamné à des dommages et intérêts, s'il y a lieu, pour le préjudice que peut

---

[1] Une construction élevée sur un terrain appartenant à un tiers doit être imposée sous le nom du propriétaire de la construction (*Arr. C.* 5 *septembre* 1846, *Gambu*, 13 *février* 1856, *Fresnais de Coutard, etc.*)

avoir éprouvé le propriétaire du fonds. — Si le propriétaire préfère conserver ces plantations et constructions, il doit le remboursement de la valeur des matériaux et du prix de la main-d'œuvre, sans égard à la plus ou moins grande augmentation de valeur que le fonds a pu recevoir. Néanmoins, si les plantations, constructions et ouvrages ont été faits par un tiers évincé, qui n'aurait pas été condamné à la restitution des fruits, attendu sa bonne foi, le propriétaire ne pourra demander la suppression desdits ouvrages, plantations et constructions ; mais il aura le choix, ou de rembourser la valeur des matériaux et du prix de la main-d'œuvre, ou de rembourser une somme égale à celle dont le fonds à augmenté de valeur.

Art. 556. — Les attérissements et accroissements qui se forment successivement et imperceptiblement aux fonds riverains d'un fleuve ou d'une rivière, s'appellent *Alluvion.* (1)

L'alluvion profite au propriétaire riverain, soit qu'il s'agisse d'un fleuve ou d'une rivière navigable, flottable ou non ; à la charge dans le premier cas,

(1) Voir, pour le mode d'imposition des alluvions, l'art. 109 du Réglement du 15 mars 1827 et l'instruction sur les mutations du 18 décembre 1853.

de laisser le marchepied ou chemin de halage [1], conformément aux réglements [2].

Art. 557. — Il en est de même des relais que forme l'eau courante qui se retire insensiblement de l'une de ses rives en se portant sur l'autre : le propriétaire de la rive découverte profite de l'alluvion, sans que le riverain du côté opposé y puisse venir

---

[1] Les chemins de halage ne sont qu'une servitude imposée à la propriété, les terrains qu'ils occupent ne cessent pas d'appartenir à leurs propriétaires, et c'est au nom de ces derniers qu'ils doivent être imposés.

Il convient toutefois d'avoir égard, dans le classement et l'évaluation des propriétés dont ils dépendent, à la perte du revenu qu'éprouvent les propriétaires, par suite de la servitude dont ces terrains sont grevés. (*Décision minist. du 9 janvier* 1827).

[2] Aux termes de l'art. 7, titre 28, de l'ordonnance d'août 1669 sur les eaux et forêts, ordonnance encore en vigueur, les propriétaires des héritages aboutissant aux rivières navigables doivent laisser, le long des bords, 24 pieds au moins en largeur du côté que les bateaux se tirent, et 10 pieds de l'autre bord. Le premier de ces chemins, à raison de sa destination au tirage des bateaux, est spécialement désigné sous le nom de *chemin de halage ;* le second, sous celui de *marchepied*, parce qu'il est plus particulièrement affecté au passage des mariniers.

La largeur légale du chemin de halage est de 7 m 80 c ; celle du marchepied, ou chemin de contre-halage, de 3m 25c.

réclamer le terrain qu'il a perdu. — Ce droit n'a pas lieu à l'égard des relais de la mer.

Art. 558. — L'alluvion n'a pas lieu à l'égard des lacs et étangs, dont le propriétaire conserve toujours le terrain que l'eau couvre quand elle est à la hauteur de la décharge de l'étang, encore que le volume de l'eau vienne à diminuer. — Réciproquement le propriétaire de l'étang n'acquiert aucun droit sur les terres riveraines que son eau vient à couvrir dans les crues extraordinaires.

Art. 559. — Si un fleuve ou une rivière, navigable ou non, enlève par une force subite une partie considérable et reconnaissable d'un champ riverain, et la porte vers un champ inférieur ou sur la rive opposée, le propriétaire de la partie enlevée peut réclamer sa propriété ; mais il est tenu de former sa demande dans l'année : après ce délai, il n'y sera plus recevable, à moins que le propriétaire du champ auquel la partie enlevée a été unie, n'eût pas encore pris possession de celle-ci.

Art. 560. — Les îles, îlots, attérissements, qui se forment dans le lit des fleuves ou des rivières navigables ou flottables, appartiennent à l'État, s'il n'y a titre ou prescription contraire.

Art. 561. — Les îles et attérissements qui se forment dans les rivières non navigables et non flottables, appartiennent aux propriétaires riverains du côté où l'île s'est formée : si l'île n'est pas formée d'un seul côté, elle appartient aux propriétaires riverains des deux côtés, à partir de la ligne qu'on suppose tracée au milieu de la rivière.

ART. 562. — Si une rivière ou un fleuve, en se formant un bras nouveau, coupe et embrasse le champ d'un propriétaire riverain, et en fait une île, ce propriétaire conserve la propriété de son champ, encore que l'île se soit formée dans un fleuve ou dans une rivière navigable ou flottable.

ART. 563. — Si un fleuve ou une rivière navigable, flottable ou non, se forme un nouveau cours en abandonnant son ancien lit, les propriétaires des fonds nouvellement occupés prennent à titre d'indemnité, l'ancien lit abandonné, chacun dans la proportion du terrain qui lui a été enlevé.

ART. 564. — Les pigeons, lapins, poissons, qui passent dans un autre colombier, garenne ou étang, appartiennent au propriétaire de ces objets, pourvu qu'ils n'y aient point été attirés par fraude et artifice.

SECTION II.

DU DROIT D'ACCESSION RELATIVEMENT AUX CHOSES MOBILIÈRES (1).

Art. 565. — Le droit d'accession quand il a pour objet deux choses mobilières appartenant à deux maîtres différents est entièrement subordonné aux principes de l'équité naturelle. — Les règles suivantes serviront d'exemple au juge pour se déterminer, dans les cas non prévus, suivant les circonstances particulières.

Art. 566. — Lorsque deux choses appartenant à différents maîtres, qui ont été unies de manière à former un tout, sont néanmoins séparables, en

(1) L'accession est l'union d'une chose à une autre. En matière de meubles, on l'appelle, suivant les cas, *adjonction*, *spécification*, *mélange*.

L'adjonction est l'union de deux choses qui, n'étant unies que par un seul côté de leur surface, restent distinctes et reconnaissables : un tableau et son cadre.

La spécification est la formation d'une autre chose avec la chose d'autrui : une pièce de bois dont on a fait un meuble.

Le mélange est l'union de plusieurs choses qui, adhérant par tous les points les unes aux autres, sont tellement mêlées et confondues, qu'elles ont cessé d'être distinctes et reconnaissables : la confusion de plusieurs liquides en un seul liquide.

sorte que l'une puisse subsister sans l'autre, le tout appartient au maître de la chose qui forme la partie principale, à la charge de payer à l'autre la valeur de la chose qui a été unie.

Art. 567. — Est réputée partie principale celle à laquelle l'autre n'a été unie que pour l'usage, l'ornement ou le complément de la première.

Art. 568. — Néanmoins, quand la chose unie est beaucoup plus précieuse que la chose principale et quand elle a été employée à l'insu du propriétaire, celui-ci peut demander que la chose unie soit séparée pour lui être rendue, même quand il pourrait en résulter quelque dégradation de la chose à laquelle elle a été jointe.

Art. 569. — Si de deux choses unies pour former un seul tout, l'une ne peut point être regardée comme l'accessoire de l'autre, celle-là est réputée principale qui est la plus considérable en valeur, ou en volume, si les valeurs sont à peu près égales.

Art. 570. — Si un artisan ou une personne quelconque a employé une matière qui ne lui appartenait pas, à former une chose d'une nouvelle espèce soit que la matière puisse ou non reprendre sa première forme, celui qui en était le propriétaire a le droit de réclamer la chose qui en a été formée, en remboursant le prix de la main-d'œuvre.

Art. 571. — Si cependant la main-d'œuvre était tellement importante qu'elle surpassât de beaucoup la valeur de la matière employée, l'industrie serait alors réputée la partie principale, et l'ouvrier aurait le droit de retenir la chose travaillée, en remboursant le prix de la matière au propriétaire.

Art. 572. — Lorsqu'une personne a employé en partie la matière qui lui appartenait, et en partie celle qui ne lui appartenait pas, à former une chose d'une espèce nouvelle, sans que ni l'une ni l'autre des deux matières soit entièrement détruite, mais de manière qu'elles ne puissent pas se séparer sans inconvénient, la chose est commune aux deux propriétaires, en raison, quant à l'un, de la matière qui lui appartenait ; quant à l'autre, en raison à la fois et de la matière qui lui appartenait, et du prix de sa main-d'œuvre.

Art. 573. — Lorsqu'une chose a été formée par le mélange de plusieurs matières appartenant à différents propriétaires, mais dont aucune ne peut être regardée comme la matière principale, si les matières peuvent être séparées, celui à l'insu duquel les matières ont été mélangées, peut en demander la division. — Si les matières ne peuvent plus être séparées sans inconvénient, ils en acquièrent en commun la propriété dans la proportion de la quantité, de la qualité et de la valeur des matières appartenant à chacun d'eux.

Art. 574. — Si la matière appartenant à l'un des propriétaires était de beaucoup supérieure, à l'autre par la quantité et le prix, en ce cas le propriétaire de la matière supérieure en valeur pourrait réclamer la chose provenue du mélange, en remboursant à l'autre la valeur de sa matière.

Art. 575. — Lorsque la chose reste en commun entre les propriétaires des matières dont elle a été formée, elle doit être licitée au profit commun.

Art. 576. — Dans tous les cas où le propriétaire dont la matière a été employée, à son insu, à former une chose d'une autre espèce, peut réclamer la propriété de cette chose, il a le choix de demander la restitution de sa matière en même nature, quantité, poids, mesure et bonté, ou sa valeur.

Art. 577. — Ceux qui auront employé des matières appartenant à d'autres, et à leur insu, pourront aussi être condamnés à des dommages et intérêts, s'il y a lieu, sans préjudice des poursuites par voie extraordinaire, si le cas y échet.

TITRE TROISIÈME.

DE L'USUFRUIT, DE L'USAGE & DE L'HABITATION.

CHAPITRE Ier.

DE L'USUFRUIT.

ART. 578. — L'usufruit est le droit de jouir [1] des choses dont un autre à la propriété, comme le propriétaire lui-même, mais à la charge d'en conserver la substance [2].

ART. 579. — L'usufruit est établi par la loi, ou pour la volonté de l'homme.

ART. 580. — L'usufruit peut être établi, ou purement [3], ou à certain jour [4], ou à condition [5].

---

[1] Le droit de jouir est tout à la fois le droit de se servir de la chose et d'en percevoir les fruits (*jus utendi atque fruendi*). (Voir art. 544, note 4).

[2] L'usufruitier n'a pas le droit d'en disposer (*jus abutendi*). Le *jus abutendi*, quand il est seul, s'appelle *nue propriété*, et celui qui le possède s'appelle *nu-propriétaire*. (Voir article 544, note 5.)

[3] C'est-à-dire sans terme ni condition.

[4] C'est-à-dire pour ne commencer qu'à partir de tel jour, ou pour finir à partir de telle époque déterminée.

[5] C'est-à-dire pour naître ou pour cesser si tel événement qui est incertain arrive. La condition est, suivant l'un ou l'autre cas, suspensive ou extinctive.

Art. 581. — Il peut être établi sur toute espèce de biens meubles ou immeubles.

SECTION Ière,

DES DROITS DE L'USUFRUITIER.

Art. 582. — L'usufruitier a le droit de jouir de toute espèce de fruits, soit naturels, soit industriels, soit civils, que peut produire l'objet dont il a l'usufruit [1].

Art. 583. — Les fruits naturels sont ceux qui sont le produit spontané de la terre. Le produit et le croît des animaux sont aussi des fruit naturels. — Les fruits industriels d'un fonds sont ceux qu'on obtient par la culture.

Art. 584. — Les fruits civils sont les loyers des maisons, les intérêts des sommes exigibles, les arrérages des rentes. — Les prix des baux à ferme sont aussi rangés dans la classe des fruits civils.

Art. 585. — Les fruits naturels et industriels, pendants par branches ou par racines au moment ou l'usufruit est ouvert, appartiennent à l'usufruitier. — Ceux qui sont dans le même état au moment où finit l'usufruit, appartiennent au propriétaire, sans récompense de part ni d'autre des labours et

---

[1] Voir l'art. 547 et note.

des semences, mais aussi sans préjudice de la portion des fruits qui pourrait être acquise au colon partiaire, s'il en existait un au commencement ou à la cessation de l'usufruit.

Art. 586. — Les fruits civils sont réputés s'acquérir jour par jour, et appartiennent à l'usufruitier, à proportion de la durée de son usufruit. Cette règle s'applique aux prix des baux à ferme, comme aux loyers des maisons et autres fruits civils.

Art. 587. — Si l'usufruit comprend des choses dont on ne peut faire usage sans les consommer, comme l'argent, les grains, les liqueurs, l'usufruitier a le droit de s'en servir, mais à la charge d'en rendre de pareille quantité, qualité et valeur, ou leur estimation, à la fin de l'usufruit.

Art. 588. — L'usufruit d'une rente viagère donne aussi à l'usufruitier, pendant la durée de son usufruit, le droit d'en percevoir les arrérages, sans être tenu à aucune restitution.

Art. 589. — Si l'usufruit comprend des choses qui, sans se consommer de suite, se détériorent peu à peu par l'usage, comme du linge, des meubles meublants, l'usufruitier a le droit de s'en servir pour l'usage auquel elles sont destinées, et n'est obligé de les rendre, à la fin de l'usufruit, que dans l'état où elles se trouvent, non détériorées par son dol ou par sa faute.

Art. 590. — Si l'usufruit comprend des bois taillis, l'usufruitier est tenu d'observer l'ordre et la quotité des coupes, conformément à l'aménagement ou à l'usage constant des propriétaires ; sans indemnité toutefois en faveur de l'usufruitier ou de ses héritiers, pour les coupes ordinaires, soit de taillis, soit de baliveaux, soit de futaie, qu'il n'aurait pas faites pendant sa jouissance. — Les arbres qu'on peut tirer d'une pépinière sans la dégrader, ne font aussi partie de l'usufruit qu'à la charge par l'usufruitier de se conformer aux usages des lieux pour le remplacement.

Art. 591. — L'usufruitier profite encore, toujours en se conformant aux époques et à l'usage des anciens propriétaires, des parties de bois de haute futaie qui ont été mises en coupes réglées, soit que ces coupes se fassent périodiquement sur une certaine étendue de terrain, soit qu'elles se fassent d'une certaine quantité d'arbres pris indistinctement sur toute la surface du domaine.

Art. 592. — Dans tous les autres cas, l'usufruitier ne peut toucher aux arbres de haute futaie : il peut seulement employer, pour faire les réparations dont il est tenu, les arbres arrachés ou brisés par accident ; il peut même, pour cet objet, en faire abattre s'il est nécessaire, mais à la charge d'en faire constater la nécessité avec le propriétaire.

Art. 593. — Il peut prendre, dans les bois, des échalas pour les vignes ; il peut aussi prendre, sur les arbres, des produits annuels ou périodiques ; le tout suivant l'usage du pays ou la coutume des propriétaires.

Art. 594. — Les arbres fruitiers qui meurent, ceux même qui sont arrachés ou brisés par accident, appartiennent à l'usufruitier, à la charge de les remplacer par d'autres.

Art. 595. — L'usufruitier peut jouir par lui-même, donner à ferme à un autre, ou même vendre ou céder son droit à titre gratuit. S'il donne à ferme, il doit se conformer, pour les époques où les baux doivent être renouvelés, et pour leur durée, aux règles établies pour le mari à l'égard des biens de la femme, au titre *du Contrat de mariage et des Droits respectifs des époux*.

Art. 596. — L'usufruitier jouit de l'augmentation survenue par alluvion à l'objet dont il a l'usufruit.

Art. 597. — Il jouit des droits de servitude, de passage, et généralement de tous les droits dont le propriétaire peut jouir, et il en jouit comme le propriétaire lui-même.

Art. 598. — Il jouit aussi, de la même manière que le propriétaire des mines et carrières qui sont en exploitation à l'ouverture de l'usufruit ; et néanmoins, s'il s'agit d'une exploitation qui ne puisse être faite sans une concession, l'usufruitier ne pourra en jouir qu'après en avoir obtenu la permission de l'Empereur. — Il n'a aucun droit aux mines et carrières non encore ouvertes, ni aux tourbières dont l'exploitation n'est point encore commencée, ni au trésor qui pourrait être découvert pendant la durée de l'usufruit.

Art. 599. — Le propriétaire ne peut, par son fait, ni de quelque manière que ce soit, nuire aux droits de l'usufruitier. — De son côté, l'usufruitier ne peut, à la cessation de l'usufruit, réclamer aucune indemnité pour les améliorations qu'il prétendrait avoir faites, encore que la valeur de la chose en fût augmentée. Il peut cependant, ou ses héritiers, enlever les glaces, tableaux et autres ornements qu'il aurait fait placer, mais à la charge de rétablir les lieux dans leur premier état.

SECTION II.

DES OBLIGATIONS DE L'USUFRUITIER (1).

ART. 600. — L'usufruitier prend les choses dans l'état où elles sont ; mais il ne peut entrer en jouissance qu'après avoir fait dresser, en présence du propriétaire, ou lui dûment appelé, un inventaire des meubles et un état des immeubles sujets à l'usufruit.

ART. 601. — Il donne caution de jouir en bon père de famille, s'il n'en est dispensé par l'acte constitutif de l'usufruit ; cependant, les père et mère ayant l'usufruit légal du bien de leurs enfants, le vendeur ou le donateur, sous réserve d'usufruit, ne sont pas tenus de donner caution.

ART. 602. — Si l'usufruitier ne trouve pas de caution, les immeubles sont donnés à ferme ou mis en séquestre ; — les sommes comprises dans l'usufruit sont placées ; — les denrées sont vendues, et le prix en provenant est pareillement placé ; — les intérêts

---

(1) L'usufruit impose à l'usufruitier trois obligations principales : 1° l'obligation de conserver la substance des choses sujettes à l'usufruit ; 2° l'obligation de jouir en bon père de famille ; 3° l'obligation de restituer, à la fin de l'usufruit, les biens dont il a eu la jouissance.

de ces sommes et les prix des fermes appartiennent dans ce cas, à l'usufruitier.

Art. 603. — A défaut d'une caution de la part de l'usufruitier, le propriétaire peut exiger que les meubles qui dépérissent par l'usage soient vendus, pour le prix en être placé comme celui des denrées ; et alors l'usufruitier jouit de l'intérêt pendant son usufruit : cependant l'usufruitier pourra demander, et les juges pourront ordonner, suivant les circonstances, qu'une partie des meubles nécessaires pour son usage lui soit délaissée, sous sa simple caution juratoire, et à la charge de les représenter à l'extinction de l'usufruit.

Art. 604. — Le retard de donner caution ne prive pas l'usufruitier des fruits auxquels il peut avoir droit ; ils lui sont dus du moment ou l'usufruit a été ouvert.

Art. 605. — L'usufruitier n'est tenu qu'aux réparations d'entretien. — Les grosses réparations demeurent à la charge du propriétaire, à moins qu'elles n'aient été occasionnées par le défaut de réparation d'entretien, depuis l'ouverture de l'usufruit ; auquel cas l'usufruitier en est aussi tenu.

Art. 606. — Les grosses réparations sont celles des gros murs et des voûtes, le rétablissement des poutres et des couvertures entières ; — celui des digues et des murs de soutènement et de clôture aussi en entier. — Toutes les autres réparations sont d'entretien.

Art. 607. — Ni le propriétaire, ni l'usufruitier, ne sont tenus de rebâtir ce qui est tombé de vétusté, ou ce qui a été détruit par cas fortuit.

Art. 608. — L'usufruitier est tenu, pendant sa jouissance, de toutes les charges annuelles de l'héritage, telles que les contributions (1) et autres qui dans l'usage sont censées charges des fruits.

Art. 609. — A l'égard des charges qui peuvent être imposées sur la propriété pendant la durée de l'usufruit, l'usufruitier et le propriétaire y contribuent ainsi qu'il suit : — Le propriétaire est obligé

---

(1) Toute propriété foncière doit être imposée sous le nom du propriétaire ou de *l'usufruitier*.

Cela résulte : 1° de l'art. 608 du Code Napoléon ; 2° des articles 147 de la loi du 3 frimaire an VII et 6 de la loi du 4 août 1844, qui déclarent que les fermiers et locataires paieront la contribution en l'acquit des propriétaires *ou usufruitiers* ; 3° de la formule même de rôle annexée à l'instruction de l'assemblée constituante pour l'exécution de la loi du 14 décembre 1790, et qui indique les *usufruitiers* dans la colonne destinée à l'inscription des noms des contribuables (Perroux, Législation des contributions directes). L'inscription au rôle doit avoir lieu dans la forme suivante : *Un tel nu-propriétaire par un tel usufruitier* (Inst. du 18 décembre 1853).

de les payer, et l'usufruitier doit lui tenir compte des intérêts. — Si elles sont avancées par l'usufruitier, il a la répétition du capital à la fin de l'usufruit.

Art. 610. — Le legs fait par un testateur, d'une rente viagère ou pension alimentaire, doit être acquitté par le légataire universel de l'usufruit dans son intégrité et par le légataire à titre universel de l'usufruit dans la proportion de sa jouissance, sans aucune répétition de leur part.

Art. 611. — L'usufruitier à titre particulier n'est pas tenu des dettes auxquelles le fonds est hypothéqué : s'il est forcé de les payer, il a son recours contre le propriétaire, sauf ce qui est dit à l'article 1020, au titre *des Donations entre-vifs et des Testaments*.

Art. 612. — L'usufruitier, ou universel, ou à titre universel, doit contribuer avec le propriétaire au paiement des dettes, ainsi qu'il suit : On estime la valeur du fonds sujet à usufruit ; on fixe ensuite la contribution aux dettes à raison de cette valeur. — Si l'usufruitier veut avancer la somme pour laquelle le fonds doit contribuer, le capital lui en est restitué à la fin de l'usufruit, sans aucun intérêt. — Si l'usufriutier ne veut pas faire cette avance, le propriétaire a le choix, ou de payer cette somme, et, dans ce cas, l'usufruitier lui tient compte des intérêts pendant la durée de l'usufruit, ou de faire vendre jusqu'à due concurrence une portion des biens soumis à l'usufruit.

Art. 613. — L'usufruitier n'est tenu que des frais des procès qui concernent la jouissance, et des autres condamnations auxquelles ces procès pourraient donner lieu.

Art. 614. — Si, pendant la durée de l'usufruit, un tiers commet quelque usurpation sur le fonds, ou attente autrement aux droits du propriétaire, l'usufruitier est tenu de le dénoncer à celui-ci; faute de ce, il est responsable de tout le dommage qui peut en résulter pour le propriétaire, comme il le serait de dégradations commises par lui-même.

Art. 615, — Si l'usufruit n'est établi que sur un animal qui vient à périr sans la faute de l'usufruitier, celui-ci n'est pas tenu d'en rendre un autre, ni d'en payer l'estimation.

Art. 616. — Si le troupeau sur lequel un usufruit a été établi, périt entièrement par accident ou par maladie, et sans la faute de l'usufruitier, celui-ci n'est tenu envers le propriétaire que de lui rendre compte des cuirs ou de leur valeur. — Si le troupeau ne périt pas entièrement, l'usufruitier est tenu de remplacer jusqu'à concurrence du croît, les têtes des animaux qui ont péri.

SECTION III.

COMMENT L'USUFRUIT PREND FIN.

Art. 617. — L'usufruit s'éteint, — par la mort naturelle (et par la mort civile) (1) de l'usufruitier; — par l'expiration du temps pour lequel il a été accordé ; — par la consolidation ou la réunion, sur la même tête, des deux qualités d'usufruitier et de propriétaire ; — par le non-usage du droit pendant trente ans ; — par la perte totale de la chose sur la quelle l'usufruit est établi.

Art. 618. — L'usufruit peut aussi cesser par l'abus que l'usufruitier fait de sa jouissance, soit en commettant des dégradations sur le fonds, soit en le laissant dépérir faute d'entretien. — Les créanciers de l'usufruitier peuvent intervenir dans les contestations, pour la conservation de leurs droits; ils peuvent offrir la réparation des dégradations commises, et des garanties pour l'avenir. —

(1) La mort civile, contraire à nos mœurs, ayant ète abolie par la loi du 31 mai 1854, cette cause d'extinction de l'usufruit a disparu.

Les juges peuvent, suivant la gravité des circonstances, ou prononcer l'extinction absolue de l'usufruit, ou n'ordonner la rentrée du propriétaire dans la jouissance de l'objet qui en est grevé, que sous la charge de payer annuellement à l'usufruitier, ou à ses ayants cause, une somme déterminée jusqu'à l'instant où l'usufruit aurait dû cesser.

ART. 619. — L'usufruit qui n'est pas accordé à des particuliers [1], ne dure que trente ans.

ART. 620. — L'usufruit accordé jusqu'à ce qu'un tiers ait atteint un âge fixe, dure jusqu'à cette époque, encore que le tiers soit mort avant l'âge fixé.

ART. 621. — La vente de la chose sujette à usufruit ne fait aucun changement dans le droit de l'usufruitier ; il continue de jouir de son usufruit s'il n'y a pas formellement renoncé.

ART. 622. — Les créanciers de l'usufruitier peuvent faire annuler la renonciation qu'il aurait faite à leur préjudice.

ART. 623. — Si une partie seulement de la chose soumise à l'usufruit est détruite, l'usufruit se conserve sur ce qui reste.

---

[1] C'est-à-dire l'usufruit constitué sur la tête d'une personne *morale*, par exemple, au profit d'une ville, d'une commune, d'une corporation.

Art. 624. — Si l'usufruit n'est établi que sur un bâtiment, et que ce bâtiment soit détruit par un incendie ou autre accident, ou qu'il s'écroule de vétusté, l'usufruitier n'aura le droit de jouir ni du sol ni des matériaux. — Si l'usufruit était établi sur un domaine dont le bâtiment faisait partie, l'usufruitier jouirait du sol et des matériaux.

CHAPITRE II.

DE L'USAGE ET DE L'HABITATION [1],

Art. 625. — Les droits d'usage et d'habitation s'établissent et se perdent de la même manière que l'usufruit.

Art. 626. — On ne peut en jouir, comme dans le cas de l'usufruit, sans donner préalablement caution, et sans faire des états et inventaires.

---

[1] Chaque propriété doit être évaluée sans égard aux charges dont elle est grevée ; mais le propriétaire est autorisé à retenir la contribution de la portion du revenu dont il ne jouit pas (*Recueil méthodique des lois et règlements sur le cadastre*, art 329). D'après ce principe, une forêt, quoique grevée de droit d'usage, n'en reste pas moins imposable, pour la totalité de son revenu, au nom du propriétaire (*arr. C. 27 juillet* 1853, *Didiot, Moselle*). Cependant lorsque l'Etat est usager dans les bois d'un particulier, il y a lieu de réduire la matière imposable en raison de la portion des

Art. 627. — L'usager, et celui qui a un droit d'habitation, doivent jouir en bons pères de famille.

Art. 628. — Les drois d'usage et d'habitation se réglent par le titre qui les a établis, et reçoivent, d'après ses dispositions, plus ou moins d'étendue.

Art. 629. — Si le titre ne s'explique pas sur l'étendue de ces droits, ils sont réglés ainsi qu'il suit.

Art. 630. — Celui qui a l'usage des fruits d'un fonds, ne peut en exiger qu'autant qu'il lui en faut pour ses besoins et ceux de sa famille. — Il peut en exiger pour les besoins même des enfants

---

produits perçus par l'Etat. (Perroux, — Législation des contributions directes).

DIFFÉRENCES ENTRE L'USUFRUIT ET L'USAGE.

1° L'usufruit donne droit à tout l'émolument de la chose ; l'usage, au contraire, est mesuré, tarifé sur les besoins de l'usager et ceux de sa famille. — 2° L'usufruit peut être cédé ou loué ; l'usage ne peut pas l'être. — 3° L'usufruit est, dans certains cas, constitué par la loi; l'usage ne l'est jamais. — 4° L'usufruit constitué au profit d'une corporation ne dure que trente ans; dans le même cas, l'usage, *si l'usager n'absorbe pas tout l'émolument de la chose*, dure autant que la corporation. (Mourlon, — Répétitions écrites sur le Code Napoléon).

qui lui sont survenus depuis la concession de l'usage.

Art. 631. — L'usager ne peut céder, ni louer son droit à un autre.

Art. 632. — Celui qui a droit d'habitation dans une maison, peut y demeurer avec sa famille, quand même il n'aurait pas été marié à l'époque ou ce droit lui a été donné.

Art. 633. — Le droit d'habitation se restreint à ce qui est nécessaire pour l'habitation de celui à qui ce droit est concédé, et de sa famille.

Art. 634. — Le droit d'habitation ne peut être ni cédé ni loué (1).

Art. 635. — Si l'usager absorbe tous les fruits du fonds, ou s'il occupe la totalité de la maison, il est assujetti aux frais de culture, aux réparations d'entretien et au paiement des contributions comme l'usufruitier. — S'il ne prend qu'une partie des fruits, ou s'il n'occupe qu'une partie de la maison, il contribue au prorata de ce dont il jouit.

Art. 636. — L'usage des bois et forêts est réglé par des lois particulières.

---

(1) Le droit d'habitation n'est autre chose que le droit d'usage établi sur une maison.

DEUXIÈME PARTIE.

CODE DE COMMERCE

TITRE DEUXIÈME.

DES LIVRES DE COMMERCE.

Art. 8. — Tout commerçant [1] est tenu d'avoir un livre-journal qui présente, jour par jour, ses dettes actives et passives [2], les opérations de son commerce, ses négociations [3], acceptations [4]

---

[1] Sont *commerçants* ceux qui exercent des actes de commerce et en font leur profession habituelle (art. 1er Cod. commerce).

[2] Les dettes actives (*l'actif*) sont les dettes contractées envers nous; les dettes passives (*le passif*), sont les dettes que nous contractons envers les autres.

[3] *Négociation* se dit, en terme de banque, du commerce des billets et lettres de change qui se fait dans les bourses et sur les places de commerce. Négocier une lettre de change, c'est la céder ou la transporter à un autre, moyennant la valeur que l'acheteur en donne au cédant ou vendeur.

[4] *L'acceptation* est l'acte par lequel la personne sur laquelle la lettre de change est tirée s'oblige à payer.

ou endossements [1] d'effets [2], et généralement tout ce qu'il reçoit et paye, à quelque titre que ce soit ; et qui énonce, mois par mois, les sommes employées à la dépense de sa maison, le tout indépendamment des autres livres usités dans le commerce, mais qui ne sont pas indispensables. — Il est tenu de mettre en liasse les lettres missives qu'il reçoit, et de copier sur un registre celles qu'il envoie [3].

ART. 9. — Il est tenu de faire, tous les ans, sous

---

(1) *L'endossement* est l'acte par lequel le propriétaire d'une lettre de change la transporte à une autre personne, en remplissant les formalités prescrites.

(2) *Les effets de commerce* sont toutes valeurs susceptibles d'être mises en circulation dans le commerce : tels sont le billet à ordre, la lettre de change, etc.

On appelle *billet à ordre* celui par lequel la personne qui le souscrit s'oblige à payer à une autre personne, ou à son ordre, une certaine somme à une époque déterminée. La *lettre de change* est une lettre revêtue des formes prescrites par la loi, par laquelle une personne mande à son correspondant dans un autre lieu d'y compter à un tiers, ou à son ordre, une certaine somme d'argent en échange d'une autre somme, ou d'une valeur qu'elle a reçue de ce tiers dans l'endroit d'où la lettre est tirée, ou réellement, ou en compte.

(3) La *copie de lettres* ainsi que le *livre-journal* et l'*inventaire* (voir art. 9) sont impérieusement exigés par la loi. Il n'en est pas de même des livres d'achats, ventes, crédit, débit, caisse et autres usités dans le commerce.

seing privé, un inventaire de ses effets mobiliers et immobiliers (1), et de ses dettes actives et passives, et de le copier, année par année, sur un registre spécial à ce destiné (2).

Art. 10. — Le livre-journal et le livre des inventaires seront paraphés et visés une fois par année. — Le livre de copies de lettres ne sera pas soumis à cette formalité. — Tous seront tenus par ordre de dates sans blancs, lacune, ni transports en marge.

Art. 11. — Les livres dont la tenue est ordonnée par les article 8 et 9 ci-dessus seront cotés, paraphés et visés, soit par un des juges des tribunaux de commerce, soit par le maire ou un adjoint, dans la forme ordinaire et sans frais. Les commerçants seront tenus de conserver ces livres pendant dix ans.

Art. 12. — Les livres de commerce, régulièrement tenus, peuvent être admis par le juge pour faire preuve entre commerçants pour faits de commerce.

---

(1) Voir au présent recueil pour la définition des *effets mobiliers et immobiliers*, le Code civil, art. 535 et précédents. Titre 1er, chap. 1er et chap. 2.

(2) Voir note 3, art. 8, page 48.

ART. 13. — Les livres que les individus faisant le commerce sont obligés de tenir, et pour lesquel ils n'auront pas observé les formalités ci-dessus prescrites, ne pourront être représentés, ni faire foi en justice, au profit de ceux qui les auront tenus, sans préjudice de ce qui sera réglé au livre des Faillites et Banqueroutes.

ART. 14. — La communication [1] des livres et inventaires ne peut être ordonnée en justice que dans les affaires de succession, communauté, partage de société, et en cas de faillite.

---

[1] Les patentés qui réclameront contre la fixation de leurs taxes seront admis à prouver la justice de leurs réclamations par la présentation d'actes de société légalement publiés, de journaux et livres de commerce régulièrement tenus, et par tous autres documents (*art.* 21 *de la loi du* 25 *avril* 1844.)

Ni l'article précité ni l'article 14 du Code de commerce, ne donnent aux agents des contributions directes, le droit d'exiger la représentation des actes de société, journaux et livres; mais d'après la jurisprudence établie par le Conseil d'Etat, tout individu qui, se prétendant indûment imposé ou mal imposé, refuse de faire les justifications indiquées ci-dessus, peut être considéré par cela même comme mal fondé dans sa réclamation (*circ.* 14 *août* 1844 *et arrêts divers*). Mais ce refus ne doit pas empêcher le contrôleur d'instruire la demande au fond, de faire les recherches prescrites, et d'entrer dans tous les détails propres à éclairer le Conseil de Préfecture.

Art. 15. — Dans le cours d'une contestation, la représentation [1] des livres peut être ordonnée par le juge, même d'office, à l'effet d'en extraire ce qui concerne le différend.

Art. 16. — En cas que les livres dont la représentation est offerte, requise ou ordonnée, soient dans des lieux éloignés du tribunal saisi de l'affaire, les juges peuvent adresser une commission rogagoire [2] au tribunal de commerce du lieu, ou déléguer un juge de paix pour en prendre connaissance, dresser un procès-verbal du contenu, et l'envoyer au tribunal saisi de l'affaire.

Art. 17. — Si la partie aux livres de laquelle on offre d'ajouter foi, refuse de les présenter, le juge [3] peut déférer le serment à l'autre partie.

---

(1) La représentation mais non la communication.

(2) C'est l'acte par lequel un tribunal charge un autre tribunal de remplir à sa place une mission nécessaire pour éclairer la justice.

(3) Le tribunal.

TITRE TROISIÈME.

DES SOCIÉTÉS.

SECTION PREMIÈRE.

DES DIVERSES SOCIÉTÉS ET DE LEURS RÈGLES.

ART. 18. — Le contrat de société se règle par le droit civil, par les lois particulières au commence, et par les conventions des parties.

ART. 19. — La loi reconnaît trois espèces de sociétés commerciales [1] : La société en nom collectif, — la société en commandite, — la société anonyme.

ART. 20. — La société en nom collectif est celle que contractent deux personnes ou un plus grand nombre, et qui a pour objet de faire le commerce sous une raison sociale [2].

ART. 21. — Les noms des associés peuvent seuls [3] faire partie de la raison sociale.

---

(1) Il y a aussi la société en participation (*art.* 47 *Cod. commerce.*

(2) C'est le nom sous lequel la société est connue et contracte ses engagements : « *Louis fils, Pierre et Cie*. »

(3) Il faut conclure de cette disposition que tous les noms qui font partie de la raison sociale sont ceux d'associés au même titre.

Art. 22. — Les associés en nom collectif indiqués dans l'acte de société sont solidaires pour tous les engagements de la société, encore qu'un seul des associés ait signé, pourvu que ce soit sous la raison sociale (1).

Art. 23. — La société en commandite se con-

---

(1) Les associés en nom collectif sont tous imposables à la contribution des patentes d'après le mode tracé par la circulaire du 21 août 1860, n° 391, alors même qu'ils ne prennent pas part à la gestion des affaires.

Les dispositions de l'article 16 de la loi du 25 avril 1844 et de l'article 19 de la loi du 26 juillet 1860 sont applicables non seulement aux sociétés en nom collectif constituées par des actes publics ou sous-seing privé, dont les extraits ont été déposés au greffe du tribunal (voir art. 42 et suivants du présent recueil), mais encore à toutes les associations de même nature que désigne la notoriété publique ou que révèlent des actes constatant la participation aux affaires, tels que baux, traités, factures, effets de commerce, énonciation de l'enseigne, et par le fait d'une signature sociale (*arr. C.* 22 *juin* 1858, *n°* 630*;* 29 *juillet* 1859, *n°* 796 *;* 18 *mars* 1857, *n°* 521.)

D'un autre côté, il n'est pas nécessaire, pour que les associés secondaires jouissent du bénéfice accordé par la loi, que toutes les formalités relatives à l'existence légale des sociétés en nom collectif aient été remplies ; il suffit que l'association existe de fait et soit notoire (*Inst. générale du* 31 *juillet* 1858, *arr.* 67). — Le défaut de publication de l'acte de société ne peut être opposé à l'administration (*arr. C.* 25 *mai et* 7 *décembre* 1850).

tracte entre un ou plusieurs associés responsables et solidaires, et un ou plusieurs associés simples bailleurs de fonds, que l'on nomme commanditaires ou associés en commandite. Elle est régie sous un nom social, qui doit être nécessairement celui d'un ou de plusieurs des associés responsables et solidaires [1].

Art. 24. — Lorsqu'il y a plusieurs associés solidaires et en nom [2], soit que tous gèrent ensemble, soit qu'un ou plusieurs gèrent pour tous, la société est, à la fois, société en nom collectif à leur égard, et société en commandite à l'égard des simples bailleurs de fonds [3].

---

[1] Les sociétés anonymes et en commandite ayant pour but une entreprise industrielle ou commerciale sont imposables à un seul droit fixe sous la désignation de l'objet de l'entreprise (*art. 17 de la loi 25 avril 1844*).

Les associés de ces compagnies, simples bailleurs de fonds, ne sont pas, dès lors, imposables individuellement à raison de l'entreprise qui est le but de la société (*art 13 de la même loi*) (voir note 3).

[2] Il faut entendre par ces mots « *et en nom* », tous les associés solidaires indiqués dans l'acte de société, et non pas seulement ceux dont les noms figurent dans la raison sociale.

[3] Il y a alors deux espèces de société bien qu'il n'y ait qu'une seule entreprise.

Les membres des sociétés en commandite, qui prennent

Art. 25. Le nom d'un associé commanditaire ne peut faire partie de la raison sociale.

Art. 26. — L'associé commanditaire n'est passible des pertes que jusqu'à concurrence des fonds qu'il a mis ou dû mettre dans la société.

Art. 27. — (*Ainsi modifié : loi du 6 mai 1863*). L'associé commanditaire ne peut faire aucun acte de gestion [1], même en vertu de procuration.

Art. 28. — (*Ainsi modifié : loi du 6 mai 1863*). En cas de contravention à la prohibition mentionnée dans l'article précédent, l'associé commanditaire est obligé, solidairement avec les associés en nom collectif, pour les dettes et engagements de la société qui dérivent des actes de gestion qu'il a faits, et il peut, suivant le nombre ou la gravité de ces actes, être déclaré solidairement obligé pour tous

---

part à la gestion avec solidarité et responsabilité, étant assimilés par le Code de commerce aux associés en nom collectif, sont passibles de la patente comme ces derniers. (*Inst. gén. du 31 juillet 1858, art 72*).

[1] Mais il peut être employé pour les affaires de la société.

L'article 27 ne s'applique pas, du reste, aux transactions que l'associé commanditaire pourrait faire, pour son compte, avec la société elle-même (avis du conseil d'Etat en date du 17 mai 1809). (Voir art. 24, note 3, §. 2.)

les engagements de la société, ou pour quelques-uns seulement. — Les avis et conseils, les actes de contrôle et de surveillance n'engagent point l'associé commanditaire.

ART. 29. — La société anonyme n'existe point sous un nom social : Elle n'est désigné par le nom d'aucun des associés.

ART. 30. — Elle est qualifiée par la désignation de l'objet de son entreprise (1).

ART. 31. — Abrogé par l'art. 47 de la loi du 24 juillet 1867 sur les sociétés. Cet article se trouve remplacé aujourd'hui par l'art. 22 de la loi du 24 juillet, ainsi conçu :

« Art. 22. — Les sociétés anonymes sont administrées par un ou plusieurs mandataires à temps « révocables, salariés ou gratuits, pris parmi les « associés. Ces mandataires peuvent choisir parmi « eux un directeur, ou, si les statuts le permettent, « se substituer un mandataire étranger à la société, « et dont ils sont responsables envers elle » (2).

---

(1) Exemple : La Cie générale de l'Eclairage au gaz (voir note 5 à l'art. 23).

(2) Les règles qui fixent le mode d'imposition des associés en commandite sont applicables aux sociétés anonymes (voir note 1 à l'art. 23 et note 3 à l'art. 24).

Art. 32. — Les administrateurs ne sont responsables que de l'exécution du mandat qu'ils ont reçu. — Ils ne contractent, à raison de leur gestion, aucune obligation personnelle ni solidaire relativement aux engagements de la société.

Art. 33. — Les associés ne sont passibles que de la perte du montant de leur intérêt dans la société.

Art. 34. — Le capital de la société anonyme se divise en actions [1], et même en coupons d'action d'une valeur égale.

Art. 35. — L'action peut être établie sous la forme d'un titre au porteur. — Dans ce cas, la cession s'opère par la tradition du titre [2].

Art. 36. — La propriété des actions peut être établie par une inscription sur les registres de la société. — Dans ce cas, la cession s'opère par une déclaration de transfert inscrite sur les registres, et signée de celui qui fait le transport ou d'un fondé de pouvoir.

---

(1) L'*action* est une fraction du fonds social. Les actions sont meubles (art. 529 Cod. civil), (voir au tarif des patentes : « Société formée par actions pour opérations de ban- « que, etc.) »

(2) Voir *négociation*, note 3 à l'art. 8.

ART. 37. — Abrogé par l'art. 47 de la loi du 24 juillet 1867 sur les sociétés. L'art. 21 de cette loi porte : « A l'avenir, les sociétés anonymes pour- « ront se former sans l'autorisation du gouvernement. »

ART. 38. — Le capital des sociétés en commandite pourra être aussi divisé en actions, sans aucune autre dérogation aux règles établies pour ce genre de société.

ART. 39. — Les sociétés en nom collectif ou en commandite doivent être constatées par des actes publics, ou sous signature privée, en se conformant, dans ce dernier cas, à l'article 1,325 du Code civil [1].

ART. 40. — Abrogé par l'art. 47 de la loi du

---

(1) *Art. 1,325 du Code civil.* — « Les actes sous seing privé « qui contiennent des conventions synallagmatiques (c'est- « à-dire qui lient également toutes les parties), ne sont « valables qu'autant qu'ils ont été faits en autant d'origi- « naux qu'il y a de parties ayant un intérêt distinct. — Il « suffit d'un original pour toutes les mêmes personnes « ayant le même intérêt. — Chaque original doit contenir « la mention du nombre des originaux qui en ont été faits. « — Néanmoins, le défaut de mention que les originaux ont « été faits doubles, triples, etc., ne peut être opposé par « celui qui a exécuté de sa part la convention portée dans « l'acte. »

24 juillet 1867 sur les sociétés. L'art. 21 de cette loi porte : « A l'avenir, les sociétés anonymes pour- « ront se former sans l'autorisation du gouverne- « ment. — Elles pourront, quel que soit le nombre « des associés, être formées par un acte sous seing « privé, fait en double original. — Elles seront sou- « mises aux dispositions des articles 29, 30, 32, « 33, 34 et 36 du Code de commerce et aux dispo- « sitions contenues dans le présent titre. »

ART. 41. — Aucune preuve par témoins ne peut être admise contre et outre le contenu dans les actes de sociétés, ni sur ce qui serait allégué avoir été dit avant l'acte, lors de l'acte ou depuis, encore qu'il s'agisse d'une somme au-dessous de cent cinquante francs.

ART. 42. — Abrogé par l'art. 65 de la loi du 24 juillet 1867 sur les sociétés et remplacé par les articles suivants du titre IV de cette dernière loi, intitulé : *Dispositions relatives à la publication des actes de société.*

« Art. 55. — Dans le mois de la constitution de « toute société commerciale, un double de l'acte « constitutif, s'il est sous seing privé, ou une ex- « pédition, s'il est notarié, est déposé aux greffes « de la justice de paix et du tribunal de commerce

« du lieu dans lequel est établie la société [1]. — « A l'acte constitutif des sociétés en commandite par « actions et des sociétés anonymes sont annexées : « 1° Une expédition de l'acte notarié constatant la « souscription du capital social et le versement du « quart ; 2° une copie certifiée des délibérations prises « par l'assemblée générale dans les cas prévus par « les articles 4 et 24 (de la loi de 1867). — En « outre, lorsque la société est anonyme, on doit « annoncer à l'acte constitutif, la liste nominative, « dûment certifiée, des souscripteurs, contenant « les nom, prénoms, qualités, demeure et le nom- « bre d'actions de chacun d'eux. »

« Art. 56 (de la loi de 1867). — Dans le même « délai d'un mois, un extrait de l'acte constitutif et « des pièces annexées et publiées dans l'un des jour- « naux désignés pour recevoir les annonces légales. « — Il sera justifié de l'insertion par un exemplaire « du journal certifié par l'imprimeur, légalisé par « le maire et enregistré dans les trois mois de sa « date. — Les formalités prescrites par l'article « précédent et par le présent article seront obser-

---

[1] Il est prescrit aux contrôleurs de se rendre annuellement dans les greffes des tribunaux, pour y faire la recherche des actes de société. — (Voir note 1 à l'art. 22).

« vées, à peine de nullité, à l'égard des intéressés ; « mais le défaut d'aucune d'elles ne pourra être « opposé aux tiers par les associés. »

« Art. 59 (de la loi de 1867). — Si la société « a plusieurs maisons de commerce situées dans « divers arrondissements, le dépôt prescrit par « l'article 55 et la publication prescrite par l'arti- « cle 56 ont lieu dans chacun des arrondissements « où existent les maisons de commerce. — Dans « les villes divisées en plusieurs arrondissements, « le dépôt sera fait seulement au greffe de la justice « de paix du principal établissement. »

« Art. 63 (de la loi de 1867). — Lorsqu'il « s'agit d'une société en commandite par actions « ou d'une société anonyme, toute personne a le « droit de prendre communication des pièces dépo- « sées aux greffes de la justice de paix et du tribu- « nal de commerce, ou même de s'en faire déli- « vrer à ses frais expédition ou extrait par le « greffier ou par le notaire détenteur de la minute. « — Toute personne peut également exiger qu'il « lui soit délivré au siège de la société une copie « certifié des statuts, moyennant payement d'une « somme qui ne pourra excéder 1 fr. — Enfin, les « pièces déposées doivent être affichées d'une ma- « nière apparente dans les bureaux de la société. »

« Art. 64 (de la loi de 1867). — Dans tous les « actes, factures, annonces, publications et autres « documents imprimés ou autographiés, émanés des « sociétés anonymes ou des sociétés en commandite « par actions, la dénomination sociale doit toujours « être précédée ou suivie immédiatement de ces « mots écrits lisiblement en toutes lettres : Société « anonyme ou société en commandite par actions, « et de l'énonciation du montant du capital social. « — Si la société a usé de la faculté accordée par « l'art 48, cette circonstance doit être mentionnée « par l'addition de ces mots : A capital variable. — « Toute contravention aux dispositions qui précè- « dent est punie d'une amende de 50 fr. à « 1,000 fr. »

Art. 43. — Abrogé par l'art. 65 de la loi du 24 juillet 1867 sur les sociétés, et remplacé par les articles suivants de cette même loi :

« Art. 57. — L'extrait doit contenir les noms des « associés autres que les actionnaires ou comman- « ditaires ; la raison de commerce ou la dénomina- « tion adoptée par la société et l'indication du siège « social ; la désignation des associés autorisés à gérer, « administrer et signer pour la société ; le montant « du capital social et le montant des valeurs four- « nies ou à fournir par les actionnaires ou comman-

« ditaires ; l'époque où la société commence, celle « où elle doit finir, et la date du dépôt fait aux « greffes de la justice de paix et du tribunal de « commerce. »

« Art. 58 (de la loi de 1867). — L'extrait doit « énoncer que la société est en nom collectif, ou en « commandite simple, ou en commandite par « actions, ou anonyme, ou à capital variable. — « Si la société est anonyme, l'extrait doit énoncer « le montant du capital social en numéraire et en « autres objets, la quotité à prélever sur les bé- « néfices pour composer le fonds de réserve. — « Enfin, si la société est à capital variable, l'ex- « trait doit contenir l'indication de la somme au- « dessous de laquelle le capital social ne peut être « réduit. »

Art. 44. — Abrogé par l'art. 65 de la loi du 24 juillet 1867 et remplacé par l'article suivant de la même loi de 1867 :

« Art. 60. — L'extrait des actes et pièces dé- « posés est signé, pour les actes publics, par le « notaire, et, pour les actes sous seing privé, par « les associés en nom collectif, par les gérants des « sociétés en commandite ou par les administrateurs « des sociétés anonymes. »

Art. 45. — Abrogé par l'art. 65 de la loi du

24 juillet 1867, l'art. 21 de cette même loi portant que les sociétés anonymes pourront se former sans l'autorisation du gouvernement.

Art. 46. — Abrogé par l'art. 65 de la loi du 24 juillet 1867 et remplacé par l'article suivant de la même loi de 1867 :

« Art. 61. — Sont soumis aux formalités et aux « pénalités prescrites par les articles 55 et 56 « (de la loi de 1867) : — Tous actes et délibé- « rations ayant pour objet la modification des sta- « tuts, la continuation de la société au-delà du « terme fixé pour sa durée, la dissolution avant « ce terme et le mode de liquidation, tout change- « ment ou retraite d'associés et tout changement « à la raison sociale. — Sont également soumises « aux dispositions des articles 55 et 56, les délibé- « rations prises dans les cas prévus par les arti- « cles 19, 37, 46, et 49 ci-dessus. »

« Art. 62 (loi de 1867). — Ne sont pas assu- « jettis aux formalités de dépôt et de publication les « actes constatant les augmentations ou les diminu- « tions du capital social opérées dans les termes de « l'art. 48 ou les retraites d'associés, autres que les « gérants ou administrateurs, qui auraient lieu « conformément à l'art. 52. »

Art. 47. — Indépendamment des trois espèces

de sociétés ci-dessus, la loi reconnaît les associations commerciales en participation [1].

Art. 48. — Ces associations sont relatives à une ou plusieurs opérations de commerce; elles ont lieu pour les objets, dans les formes, avec les proportions d'intérêt et aux conditions convenues entre les participants.

---

[1] Le Code de commerce ne range pas cette quatrième espèce de société au nombre des sociétés proprement dites, parce qu'elle n'est qu'un acte passager qui ne repose pas, comme les trois autres, sur des bases fixes (*art.* 50 *Cod. commerce*). — Mais il faut ranger parmi les espèces de sociétés commerciales, depuis la publication de la loi du 24 juillet 1867 sur les sociétés, la société *à capital variable.* Cette nouvelle espèce de société forme réellement une quatrième espèce de société commerciale, qu'on appelle aussi *société de coopération.* (Rogron — Cod. commerce expliqué).

On distingue deux sortes de sociétés coopératives, celles de *production* et celles de *consommation.* Les sociétés coopératives de consommation, n'ayant aucun caractère commercial, ne sont pas imposables; les sociétés coopératives de production, au contraire, sont imposables comme les sociétés anonymes ou en commandite. — Lorsque, dans les cas prévus par l'article 23 de la loi du 18 mai 1850 et l'article 19 de la loi du 26 juillet 1860, la coopération des associés se réduira à un simple travail manuel, ils devront profiter de l'exemption accordée par l'article 3 de la loi du 2 juillet 1862. Cette interprétation s'induit de l'art. 70 de l'Inst. gén. du 31 juillet 1858.

Art. 49. — Les associations en participation peuvent être constatées par la représentation des livres, de la correspondance, ou par la preuve testimoniale, si le tribunal juge qu'elle peut être admise.

Art. 50. — Les associations commerciales en participation ne sont pas sujettes aux formalités prescrites pour les autres sociétés.

IMPRIMERIE ET LITHOGRAPHIE E. CHENU, A ORLÉANS.

TABLE.

PREMIÈRE PARTIE. — CODE CIVIL.

DEUXIÈME PARTIE. — CODE DE COMMERCE.